MIT KREUZWORTRÄTSELN DEUTSCH LERNEN

2 Mittelstufe

© **ELI** s.r.l.
P.O. Box 6 - Recanati - Italy
Tel. +39 071 75 07 01 - Fax +39 071 97 78 51
www.elionline.com - e-mail: info@elionline.com

Gedruckt in Italien - Tecnostampa Loreto   00.83.140.0

ISBN **978-88-85148-20-8**

Der große Erfolg des ersten Buches **mit KREUZWORTRÄTSELN DEUTSCH** lernen, das mit Interesse und Begeisterung in vielen Schulen in ganz Europa verwendet wird, hat den Verlag **ELI** dazu veranlaßt, **einen zweiten Band** zu veröffentlichen. Sicher wird er bei allen, die sich für Fremdsprachen interessieren und in diesem Sektor tätig sind, einen genauso großen Erfolg erzielen.

Der Zweck ist auch diesmal ein didaktisches Mittel zu bieten, mit dem man die verschiedenen Vokabeln eines Themas anhand von **Visualisierung** und **Spiel** leicht erlernen kann.

Dieselbe Expertengruppe, die auch das erste Buch ausgearbeitet hatte, hat **vierzehn** weitere **Themen** mit je **20 Wörtern** zusammengestellt.

Die erste Seite enthält 10 Illustrationen. Mit Hilfe der Zeichnung und durch das Zählen der Buchstaben kann der Deutschlerner die Wörter in die richtigen Felder einsetzen. Bei diesem unterhaltsamen Spiel kann man sich die Vokabeln gut und schnell einprägen. Außerdem ist diese Übung besonders für die Rechtschreibung sehr nützlich.

Auf der zweiten Seite werden die übrigen 10 Wörter des Themas verwendet.

Auf der dritten Seite werden 5 Bilder der ersten und 5 Bilder der zweiten Seite verwendet.

Auf der vierten Seite die übrigen 5 der ersten und zweiten Seite. Am Ende kann der Deutschlerner alle Wörter ohne Schwierigkeiten in das letzte Kreuzwortgitter der Serie einsetzen. Auch dieses Buch kann im Unterricht, zu Hause und in den Ferien einfach verwendet werden.

Mit Spaß lernen: Was gibt es Interessanteres für jemanden, der seinen Wortschatz in der Fremdsprache erweitern will?

Beachte: ß = ss

AM MEER

der Strand

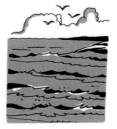

das Meer

das Boot

die Muscheln

die Fische

der Fischer

der Badeanzug

der Liegestuhl

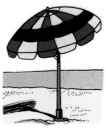

der Sonnenschirm

das Badetuch

die Schwimmflossen

die Taucherbrille

die Angel

der Strohhut

die Sonnenbrille

der Leuchtturm

der Kai

die Sandburg

die Insel

die Wellen

1

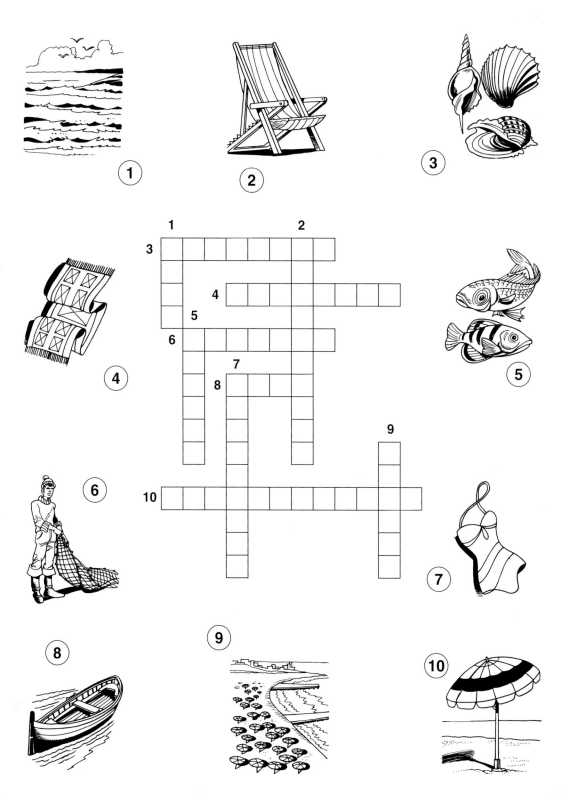

5

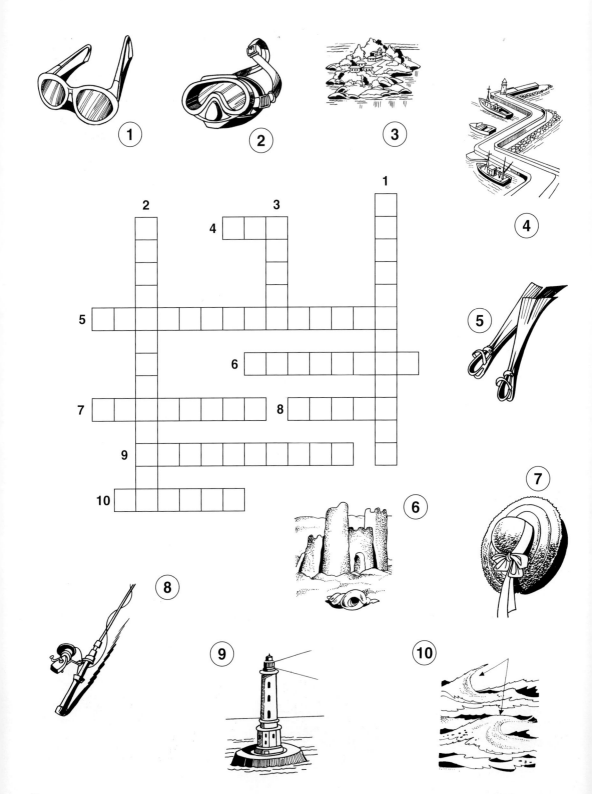

6

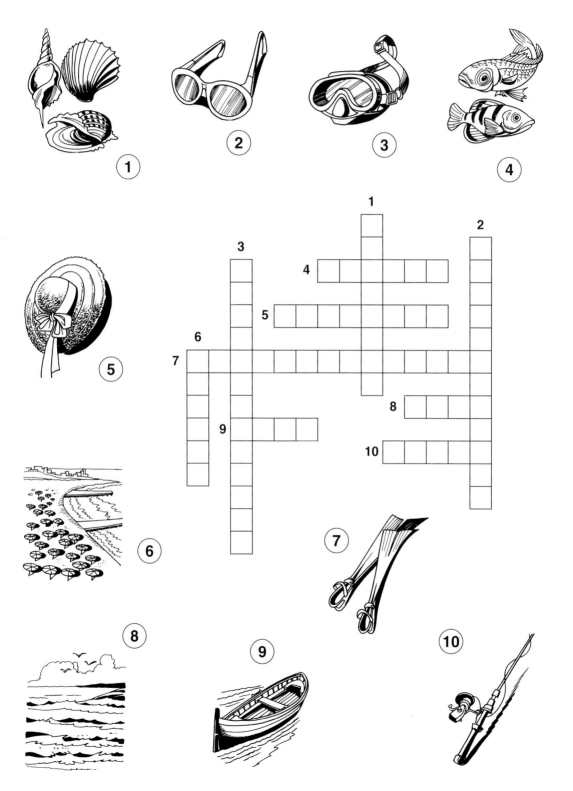

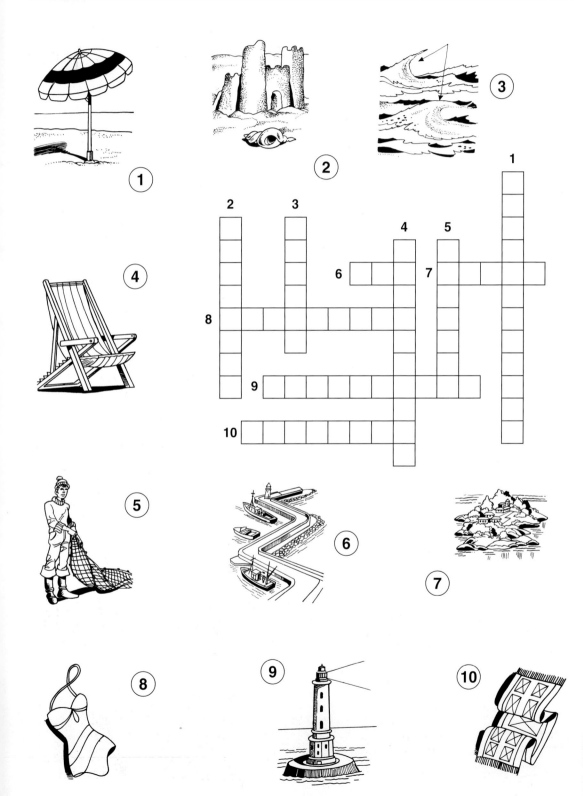

5

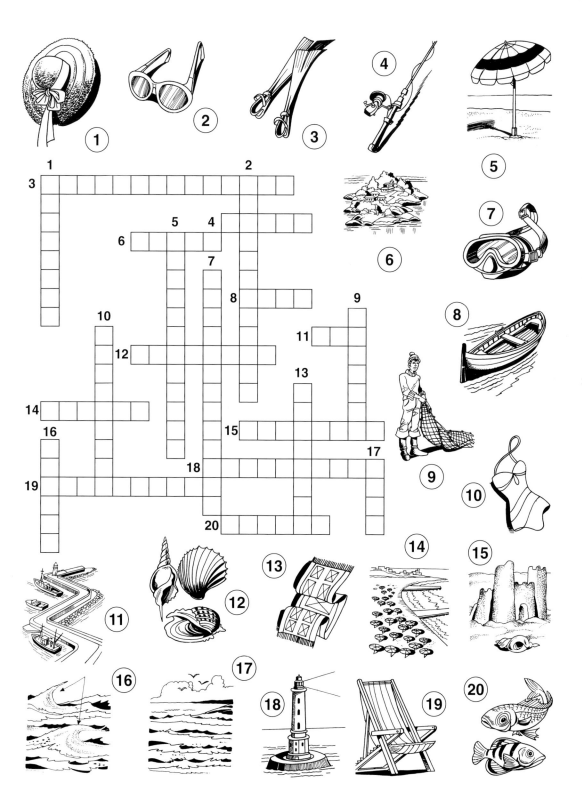

9

MEERESBEWOHNER

der Wal

der Delfin

der Haifisch

die Meeresschildkröte

die Krake

die Qualle

der Hummer

der Krebs

die Languste

die Seezunge

der Kabeljau

der Thunfisch

der Schwertfisch

das Seepferdchen

der Teufelsfisch

der Hammerhai

der Seeigel

der Schwertwal

der Hering

der Seestern

1

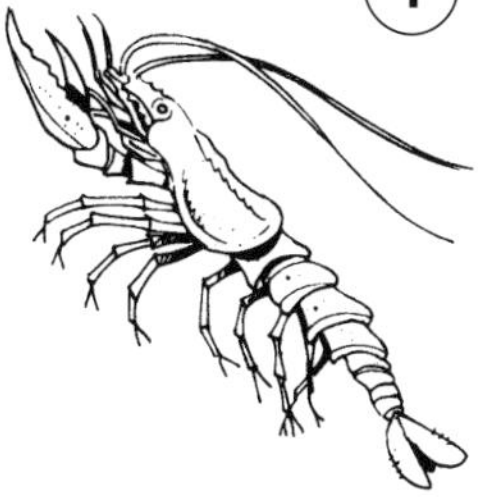

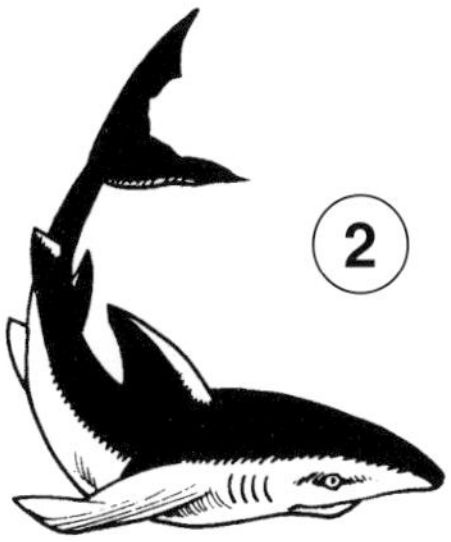

2

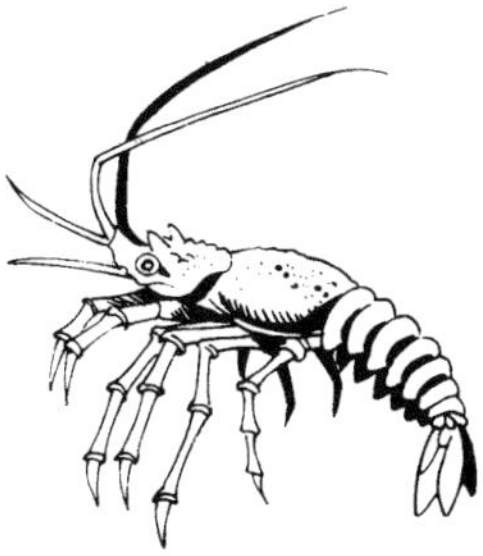

3

4

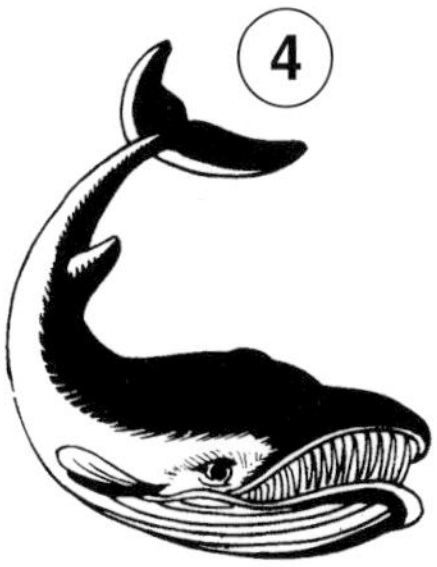

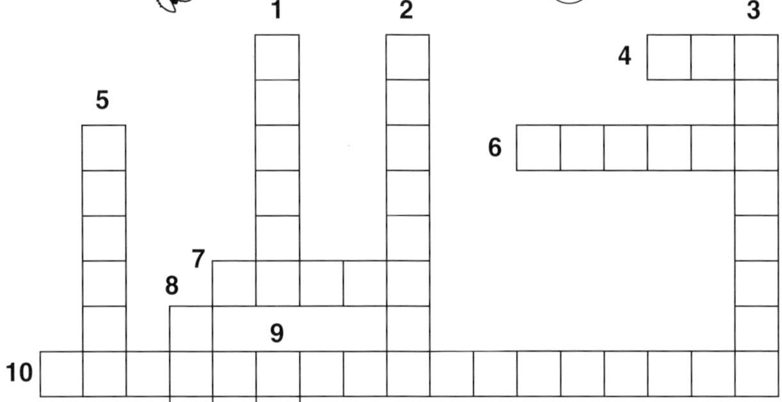

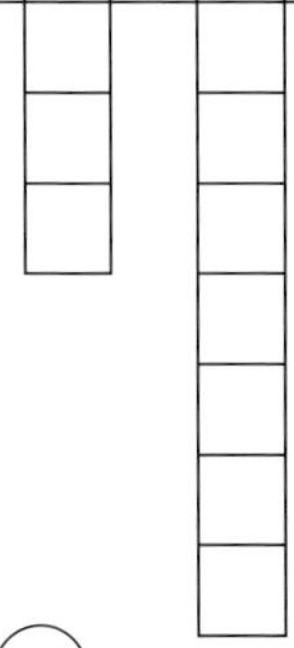

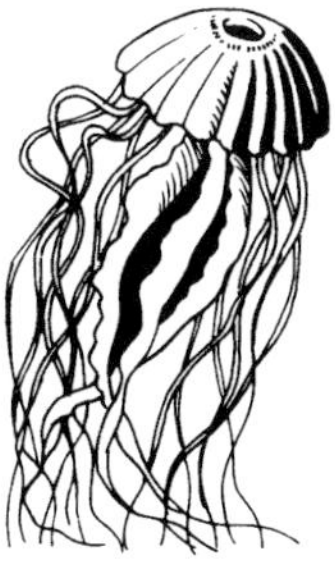

5

6

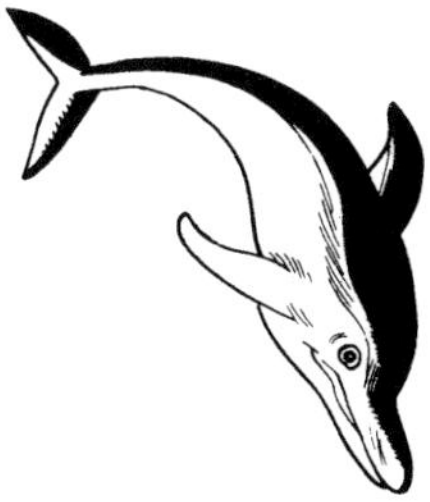

7

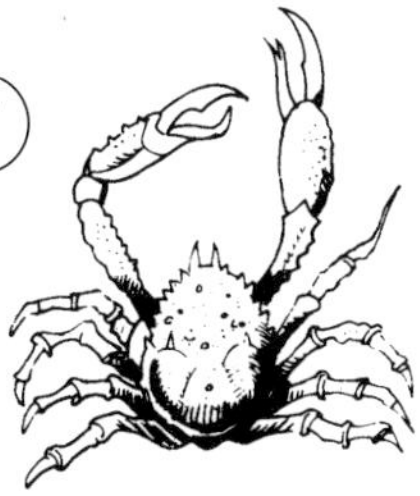

10

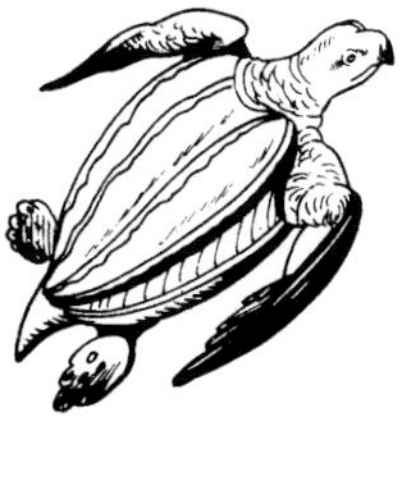

8

9

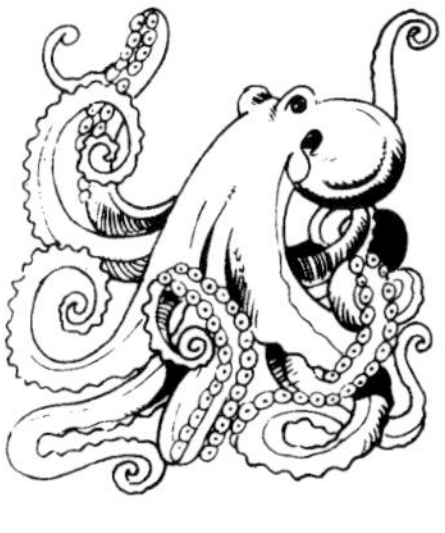

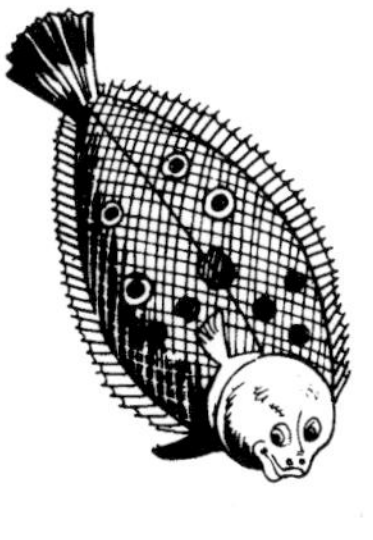

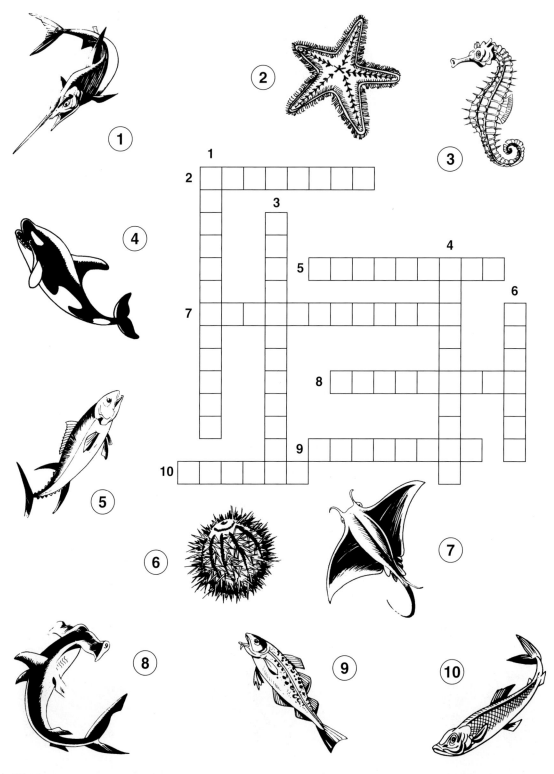

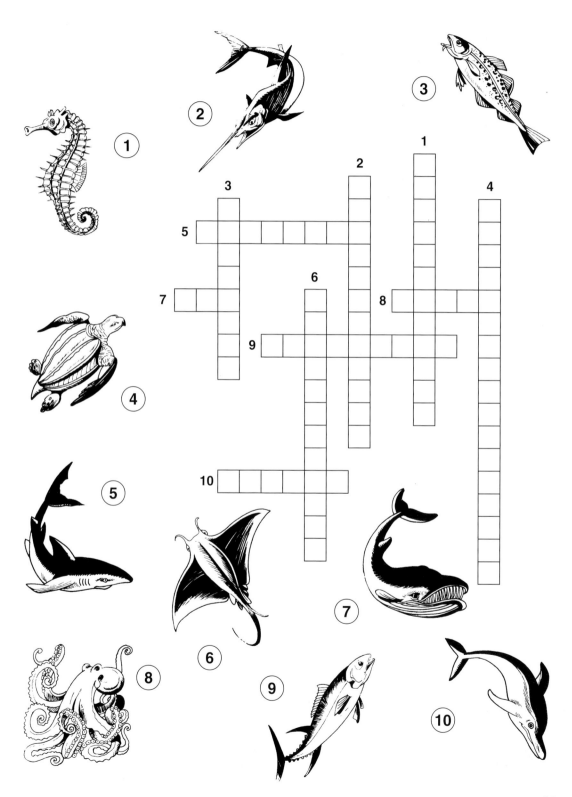

4

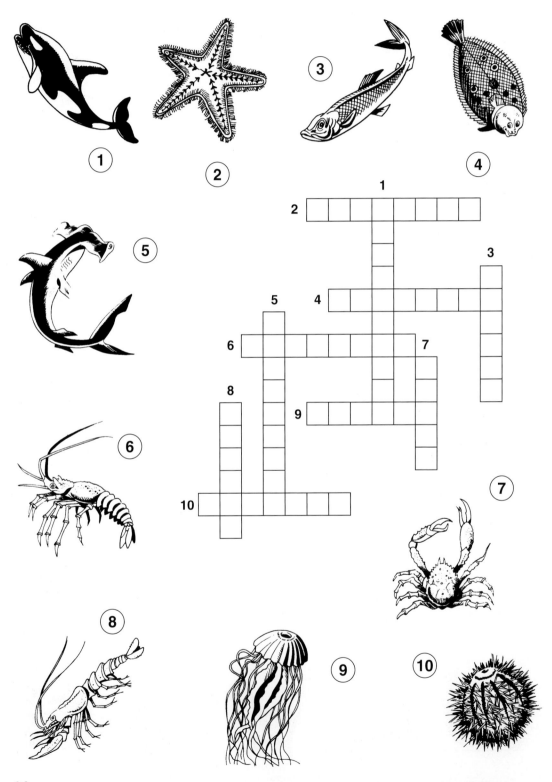

14

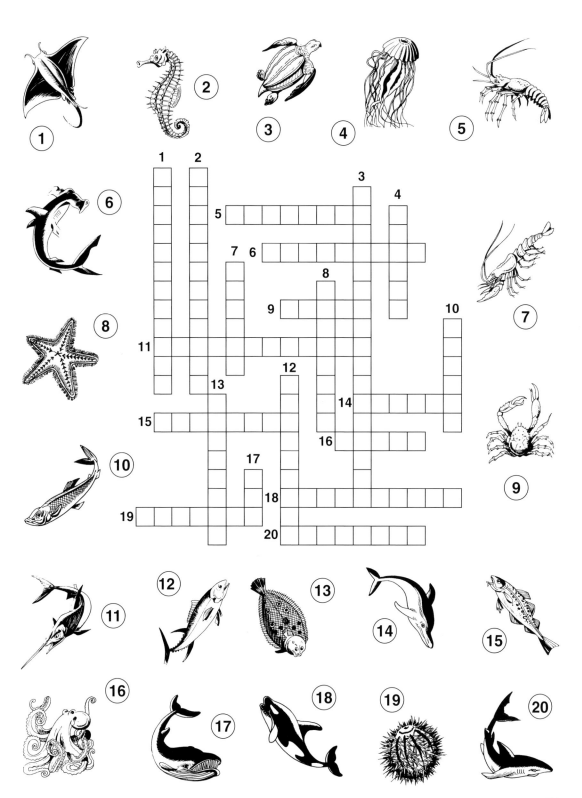

das Schiff

der Bug

das Heck

das Fallreep

der Kapitän

der Matrose

das Deck

die Kajüte

das Rettungsboot

der Anker

der Zug

die Lokomotive

der Zugführer

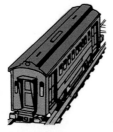
der Waggon

das Fenster

der Schaffner

der Stationsvorsteher

der Bahnsteig

das Gleis

der Güterzug

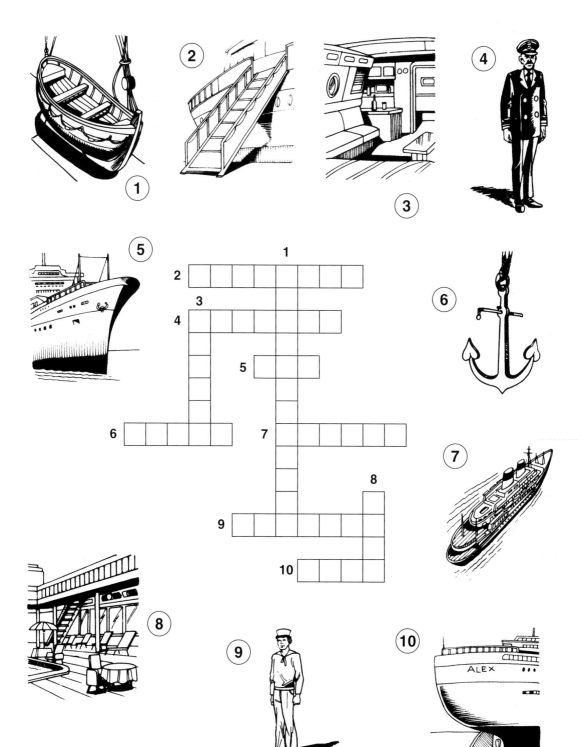

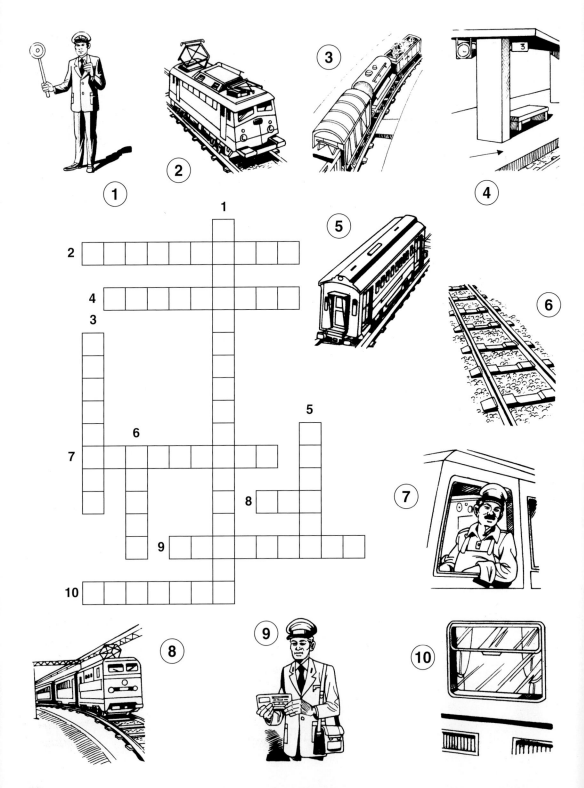

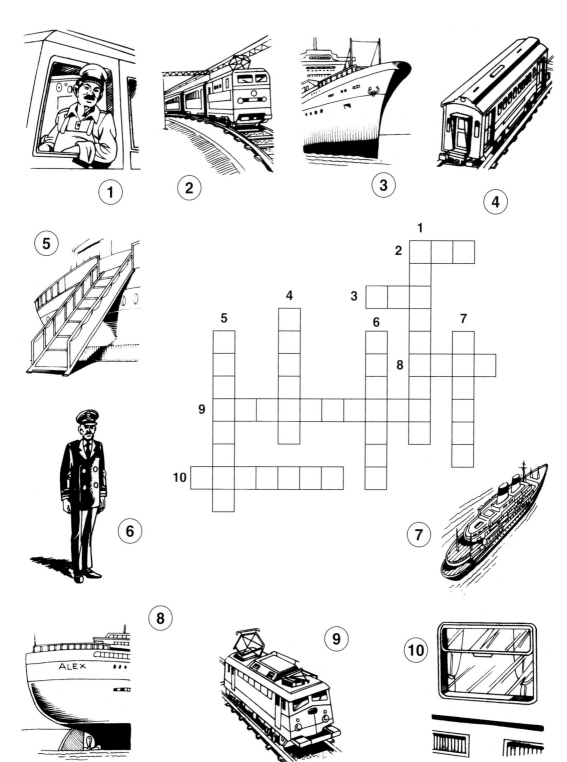

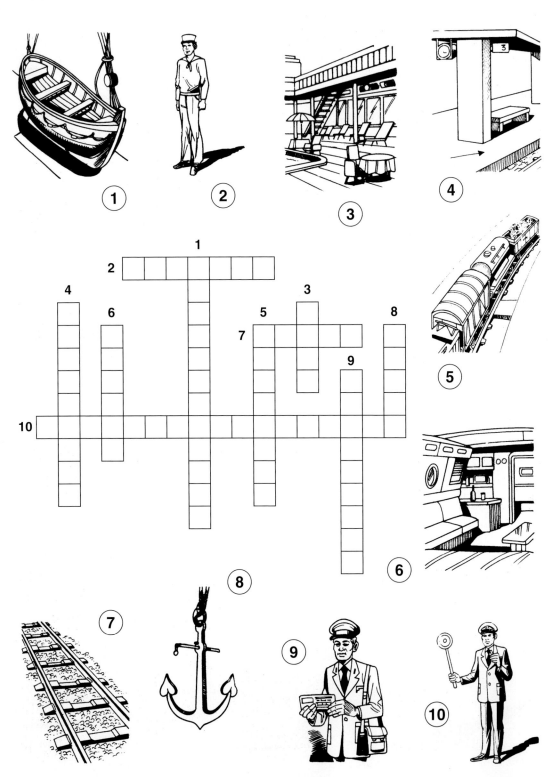

1

2

3

4

5

6

7

8

9

10

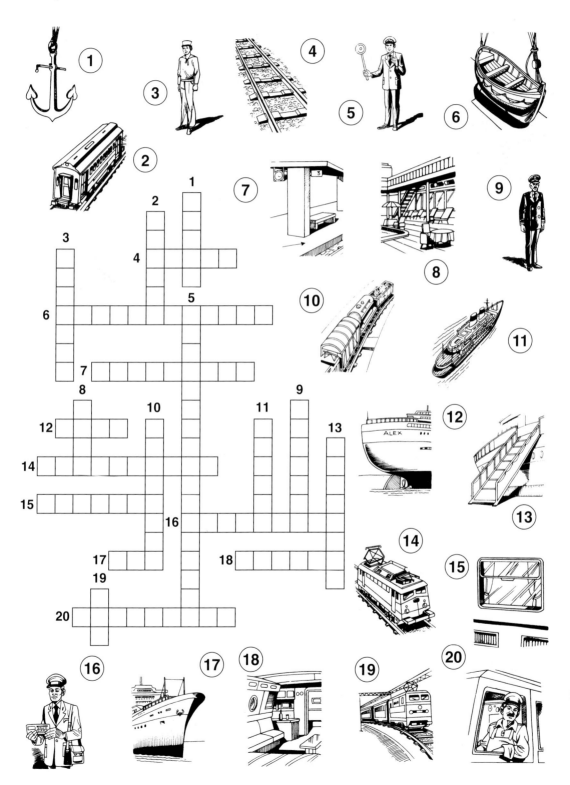

DIE TEILE DES KOPFES

die Haare

der Kopf

das Gesicht

die Stirn

die Augenbrauen

die Wimpern

das Auge

die Nase

die Wangen

der Kiefer

die Ohren

das Orläppchen

der Mund

die Lippen

die Zähne

die Zunge

das Kinn

der Hals

der Bart

der Schnurrbart

die Schultern

der Unterarm

die Arme

der Ellenbogen

das Handgelenk

die Hände

der Finger

die Daumen

die Brust

der Bauch

die Taille

der Rücken

die Beine

der Oberschenkel

das Knie

die Wade

der Knöchel

der Fuß

die Ferse

die Zehen

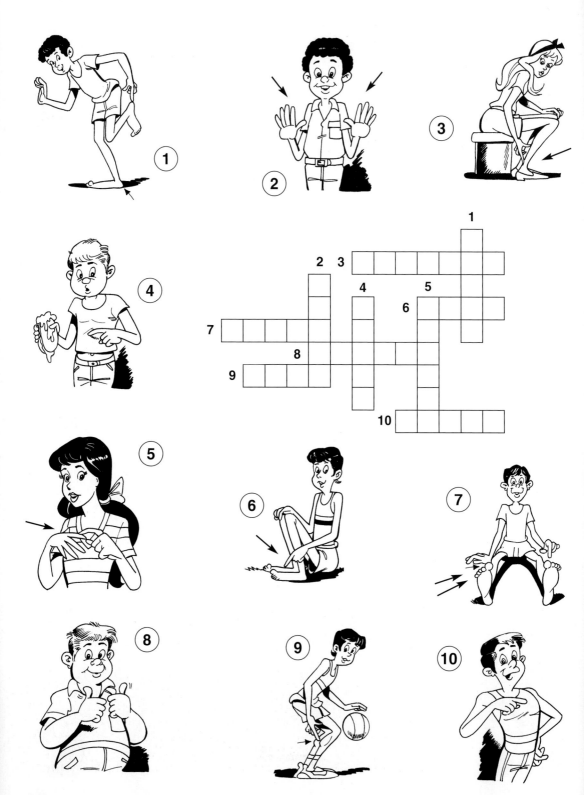

BERUFE

der Briefträger

der Maurer

die Verkäuferin

die Sekretärin

der Tierarzt

der Mechaniker

der Bauer

der Schreiner

die Ärztin

die Frisörin

der Koch

der Feuerwehrmann

der Kellner

die Lehrerin

der Arbeiter

der Angestellte

der Elektriker

der Installateur

die Sängerin

die Hausfrau

2

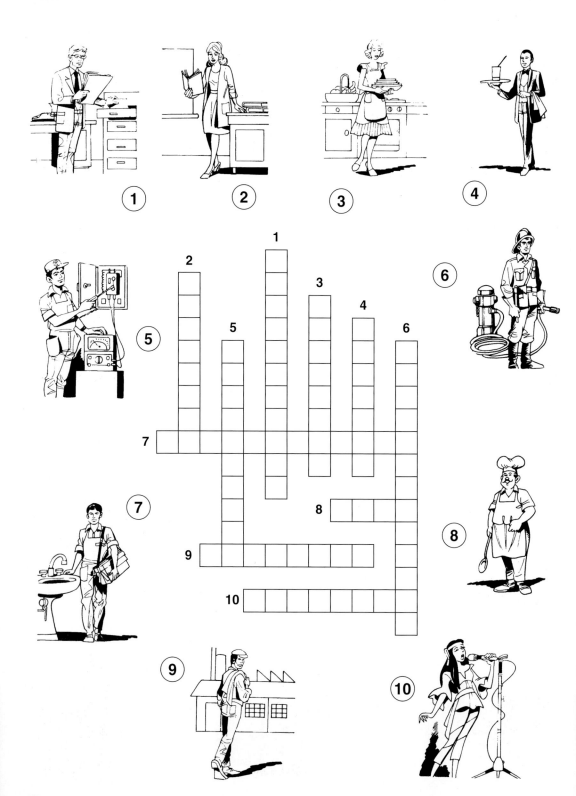

36

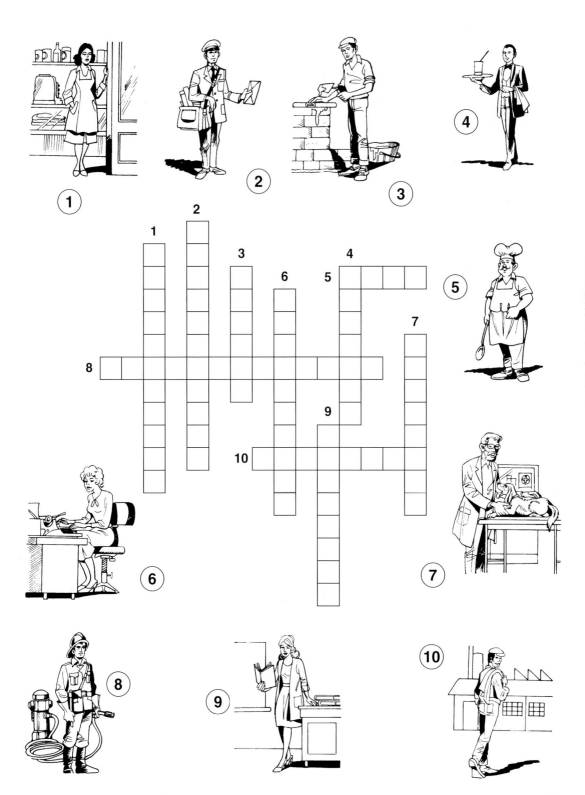

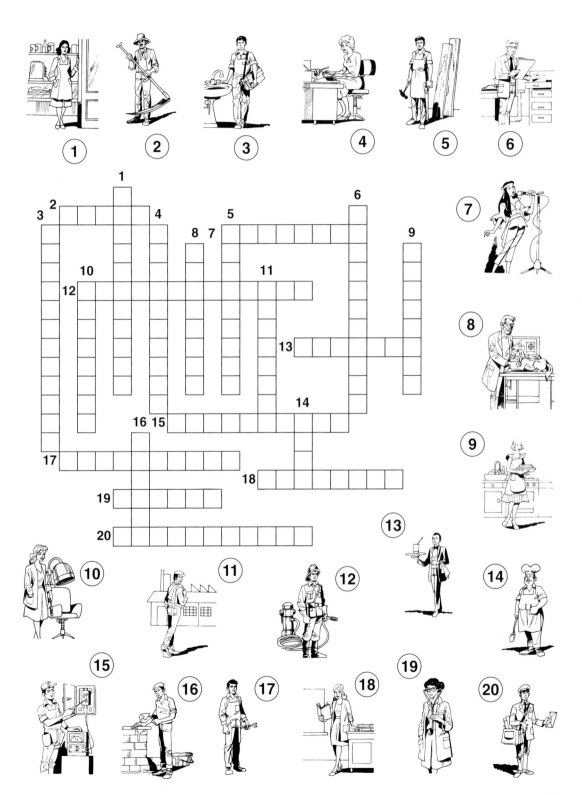

der Hammer

die Beißzange

die Nägel

die Säge

der
Schraubenzieher

der
Schraubenschlüssel

die Schrauben

der Bohrer

die Axt

die Zange

die Feile

das Glaspapier

die Reißnägel

das Maßband

die Schaufel

die Hacke

die Heugabel

die Harke

der Spaten

die Stehleiter

1

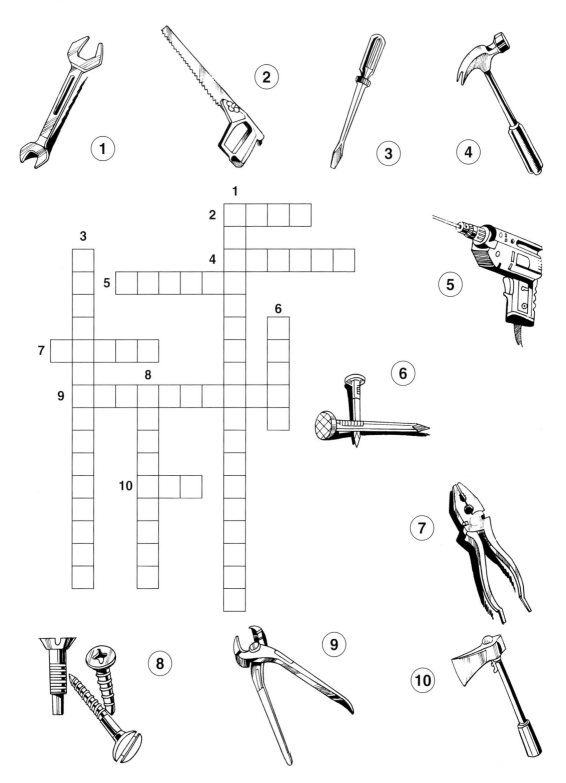

41

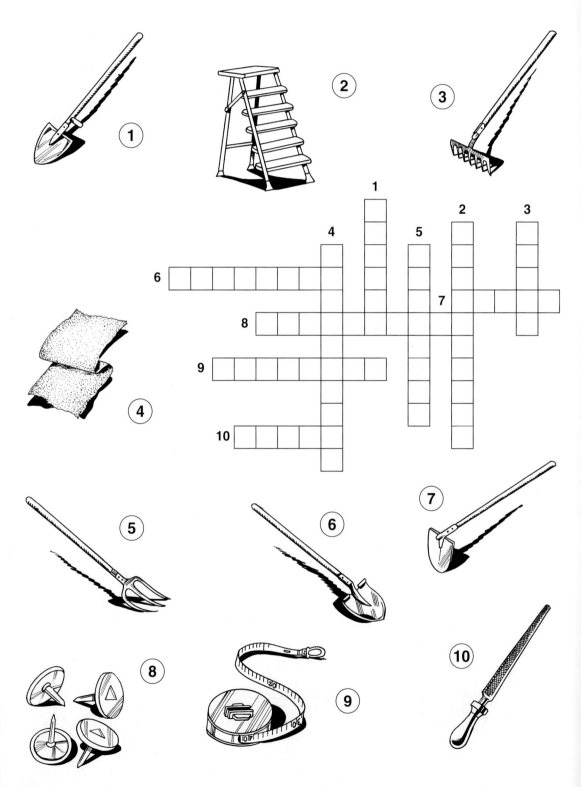

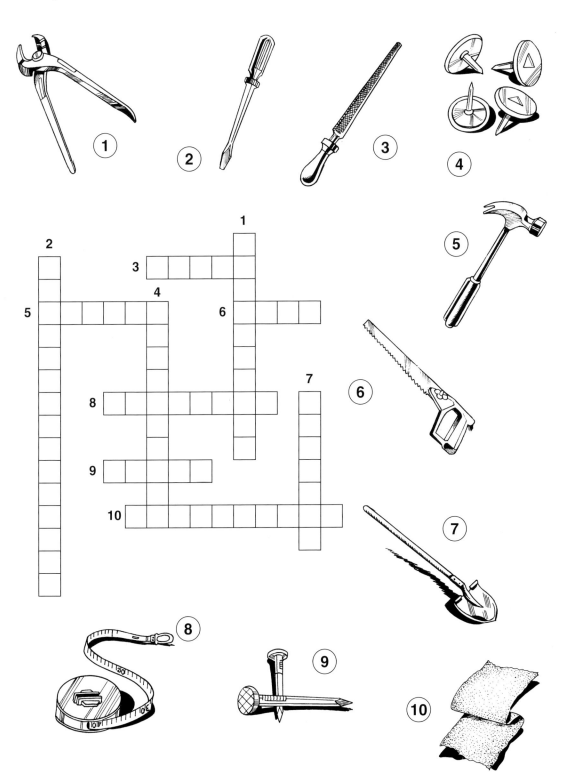

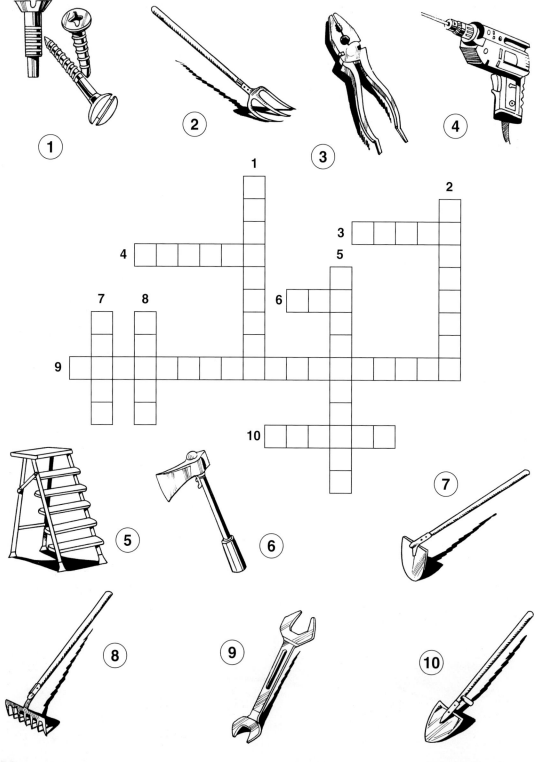

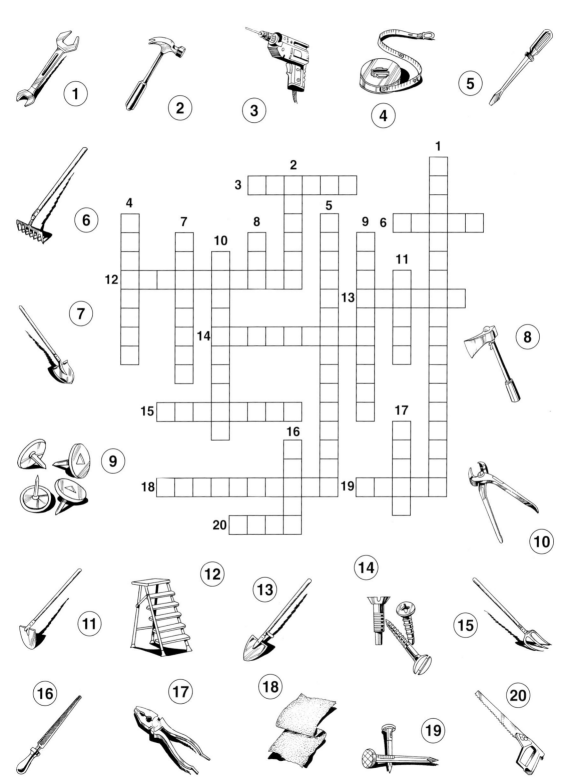

 # IN DER KÜCHE

das Glas

die Teller

das Messer

die Gabel

der Suppenlöffel

der Kaffeelöffel

die Tasse

die Untertasse

die Flasche

der Flaschenöffner

der Dosenöffner

die Kochtöpfe

der Deckel

die Teekanne

die Kaffeekanne

die Pfanne

der Mixer

die Konservendose

die Schüssel

die Streichhölzer

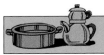

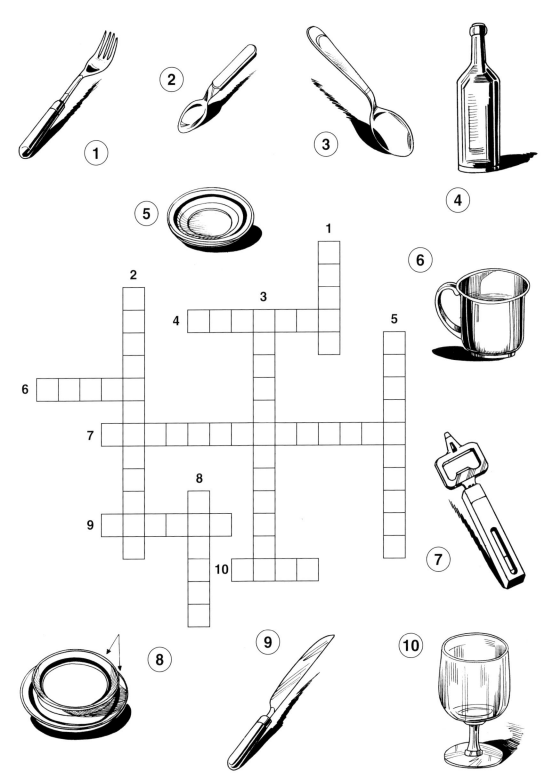

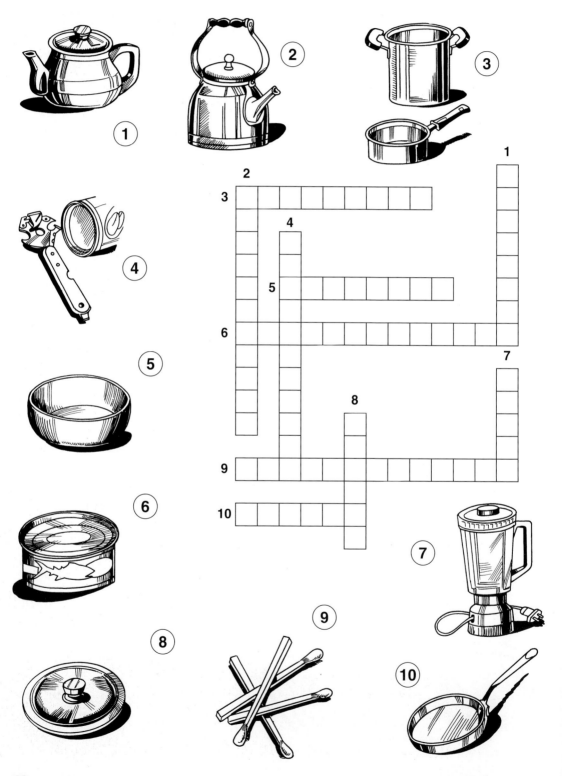

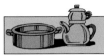

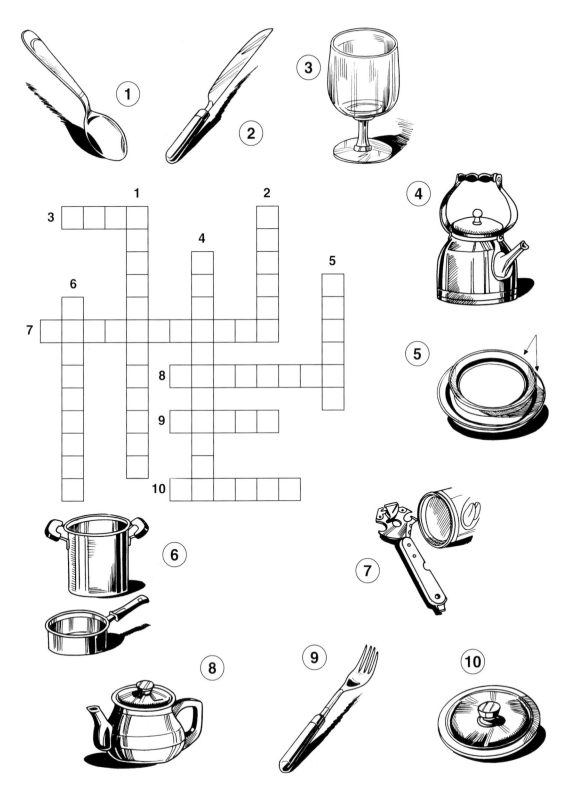

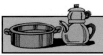

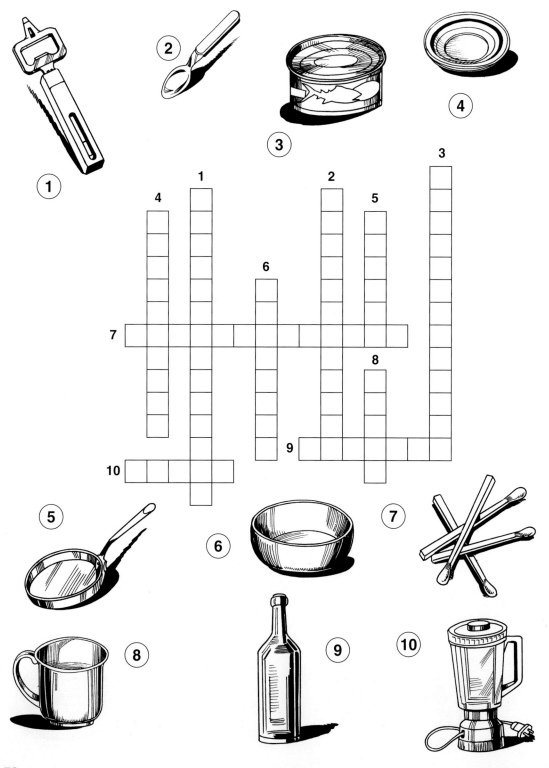

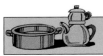

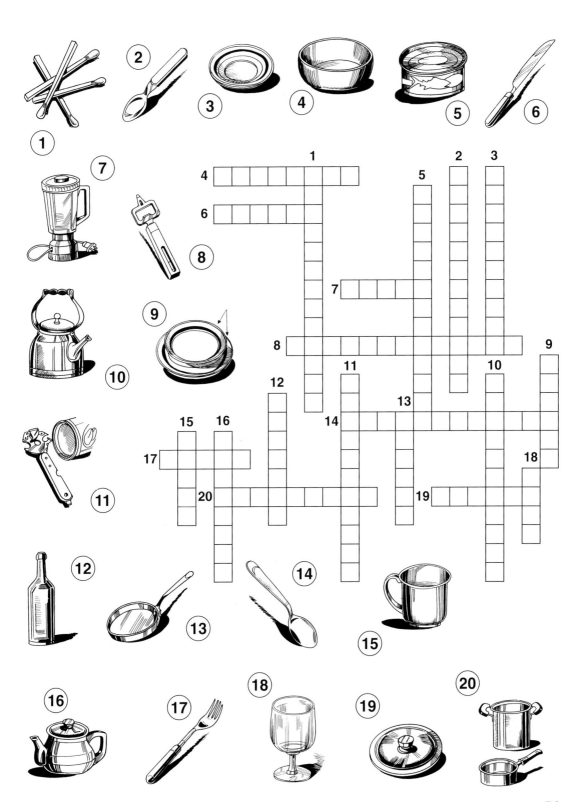

VÖGEL

die Turteltaube

der Spatz

das Rotkehlchen

die Schwalbe

die Möwe

der Pelikan

der Uhu

der Adler

der Kanarienvogel

die Taube

der Papagei

die Amsel

der Storch

der Schwan

der Specht

der Rabe

der Flamingo

die Elster

der Pfau

der Falke

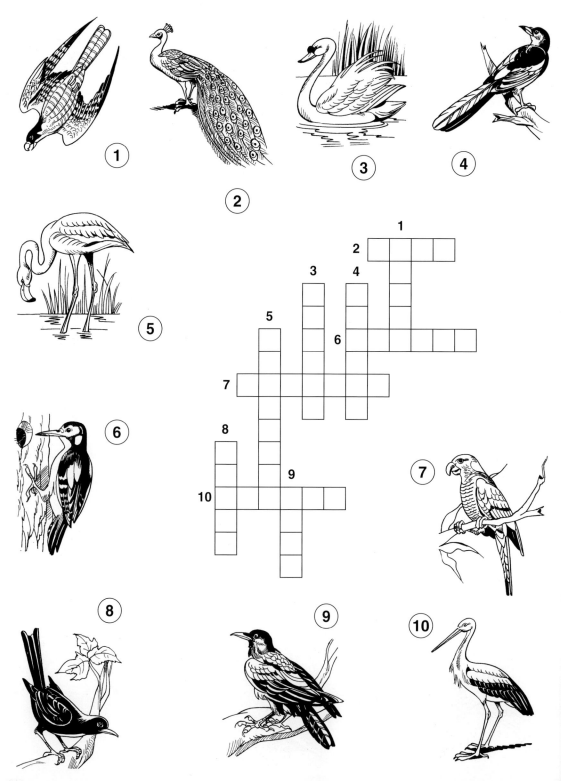

4

5

57

der Flughafen

das Flugticket

der Zoll

der Reisepass

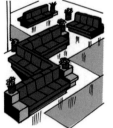

der Wartesaal

die Passagiere

der Kontrollturm

die Startbahn

das Flugzeug

die Tragflächen

die Gangway

das Fahrwerk

das Cockpit

der Passagiersitz

der Sicherheitsgurt

der Pilot

der Gang

die Stewardess

der Steward

das Gepäck

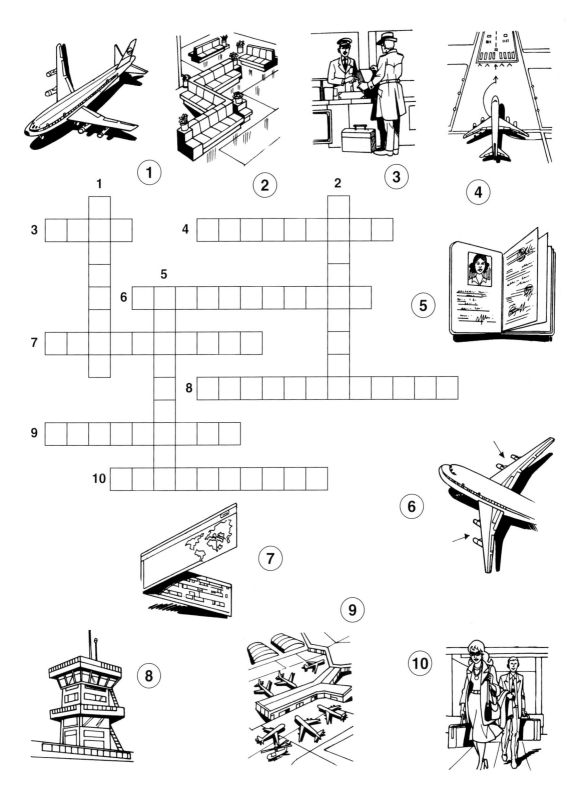

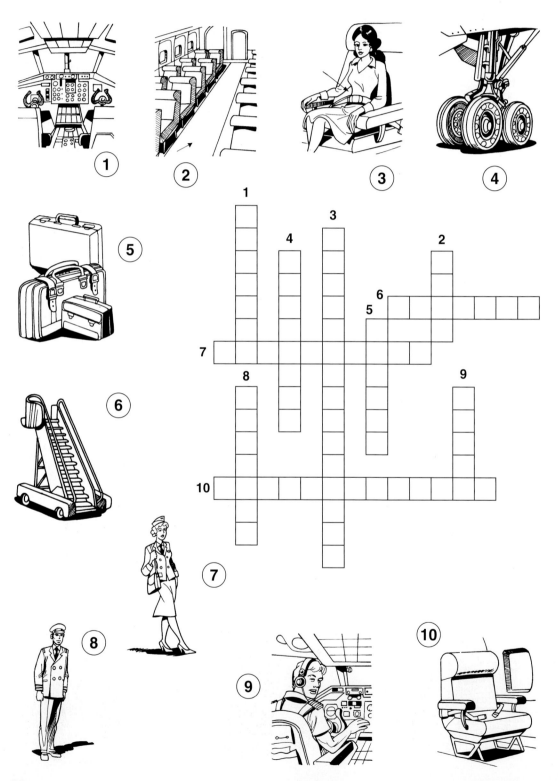

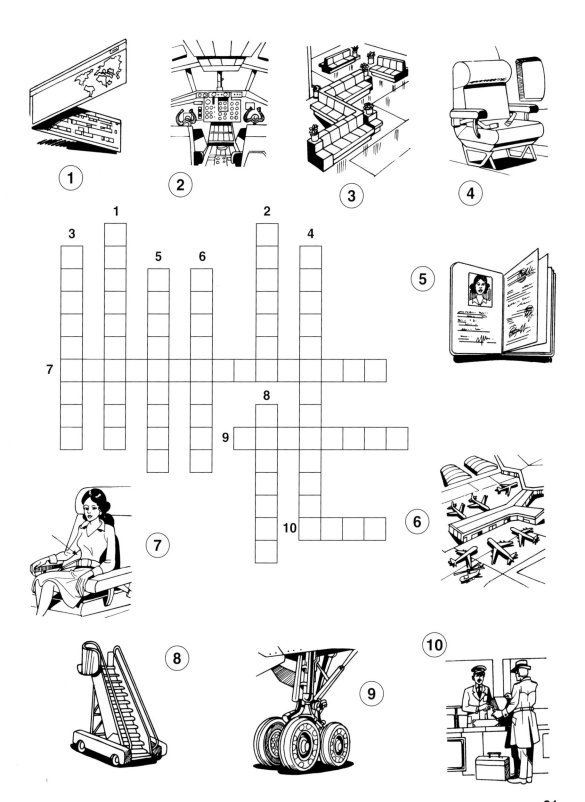

1

2

3

4

5

6

7

8

9

10

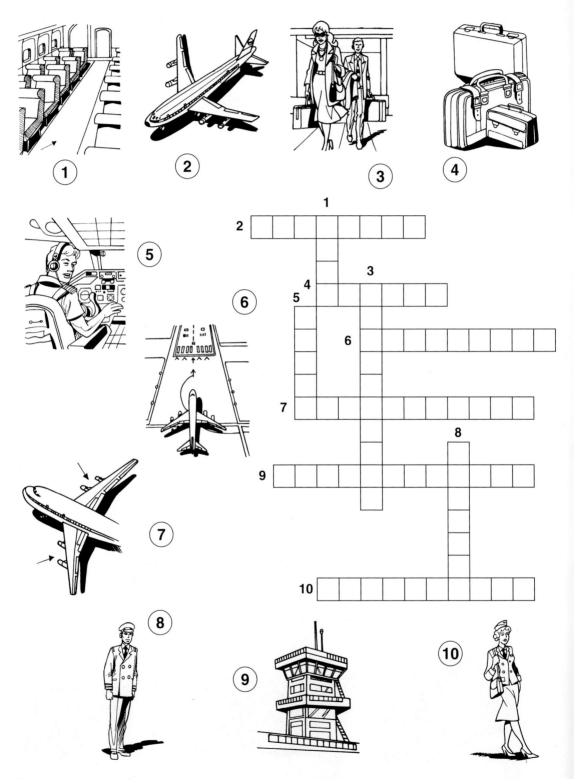

62

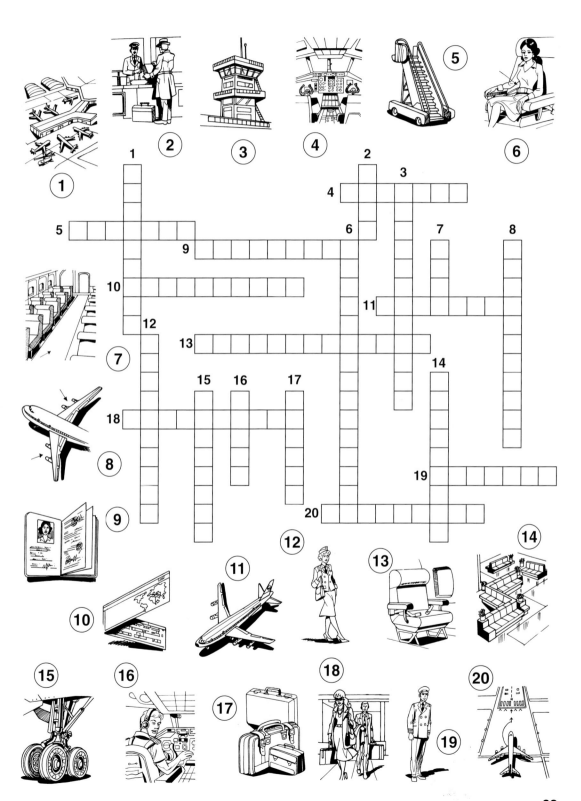

BLUMEN

die Margeriten

die Rosen

die Iris

die Narzissen

die Orchideen

die Tulpen

die Sonnenblumen

die Zyklamen

die Nelken

die Mohnblumen

die Stiefmütterchen

die Veilchen

die Maiglöckchen

die Mimosen

die Märzenbecher

die Lilien

die Hyazinthen

die Anemonen

die Gladiolen

die Vergissmeinnicht

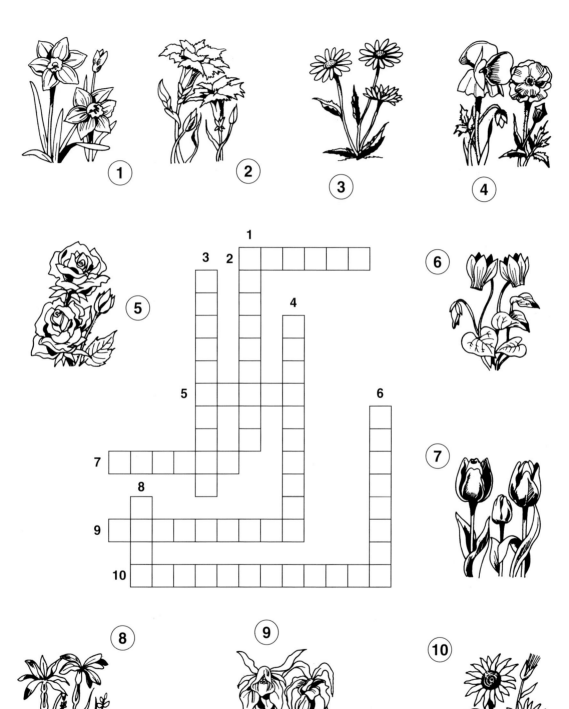

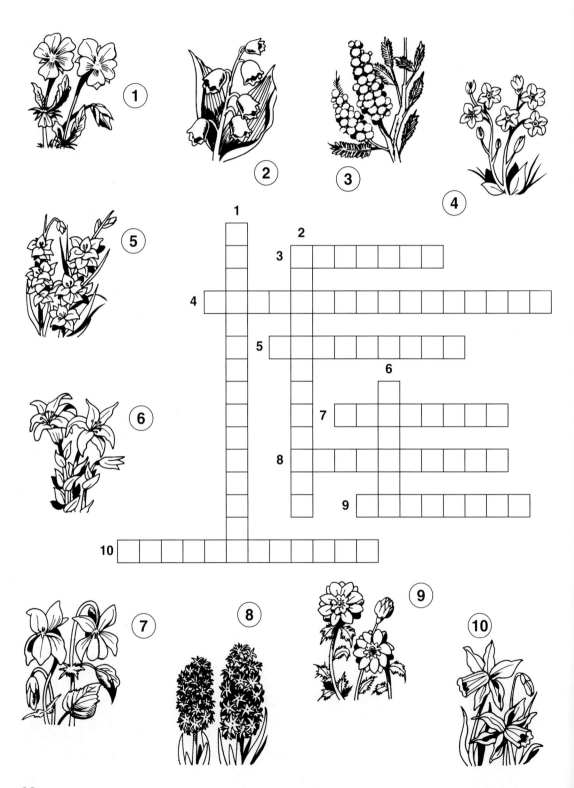

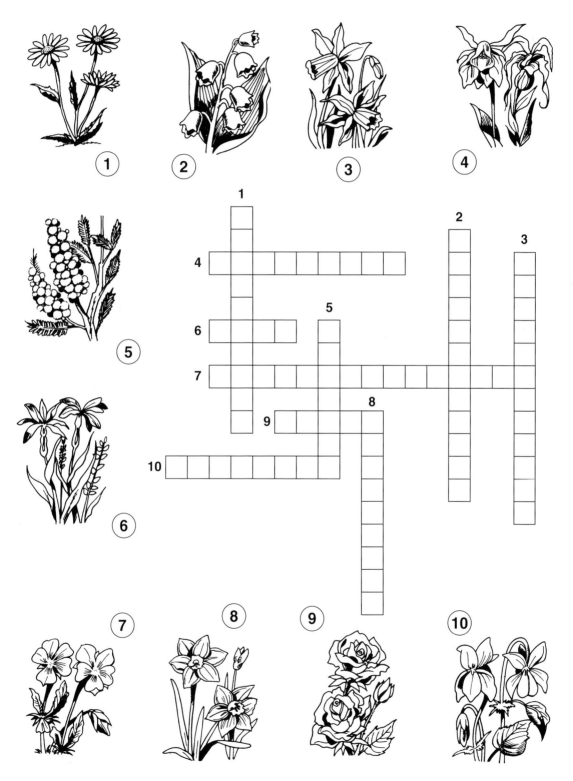

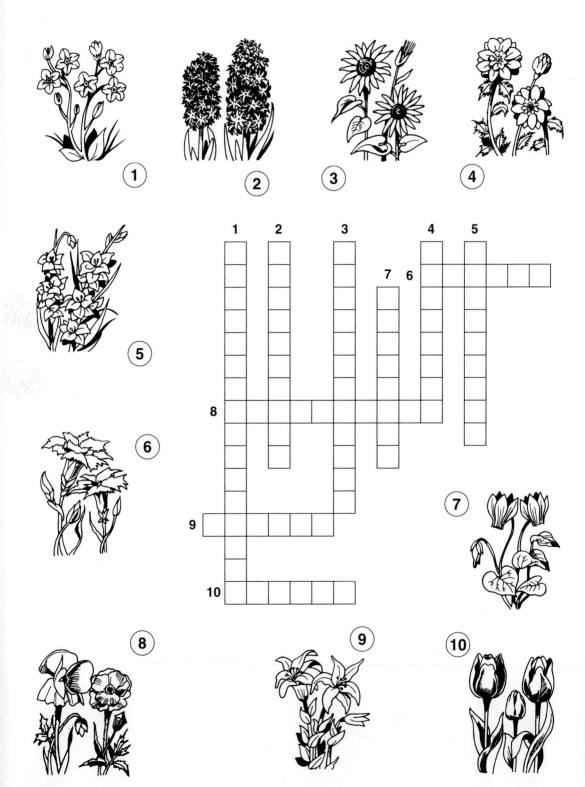

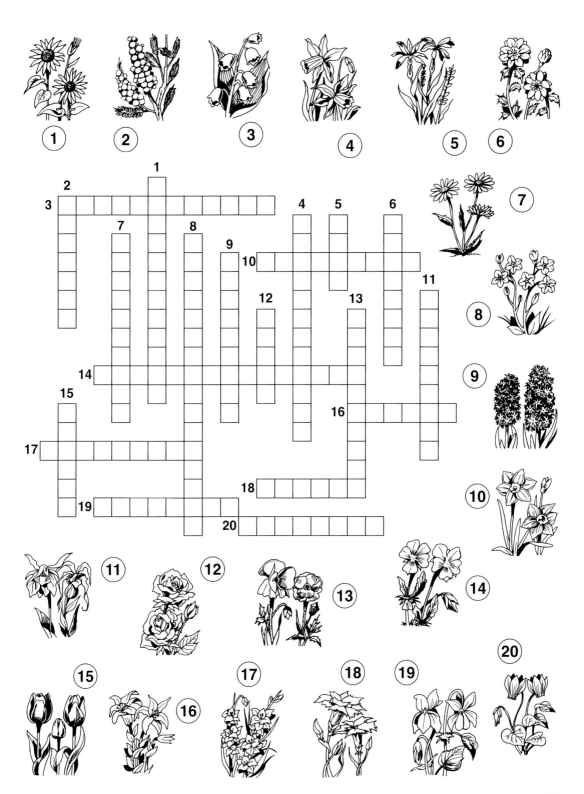

MUSIKINSTRUMENTE

die Querflöte

die Klarinette

die Violine

das Violoncello

der Kontrabass

das Horn

das Klavier

die Trompete

die Posaune

das Saxofon

das Schlagzeug

die Trommel

die Gitarre

das Xylophon

das Akkordeon

die Mundharmonika

die Becken

das Banjo

die Harfe

die Orgel

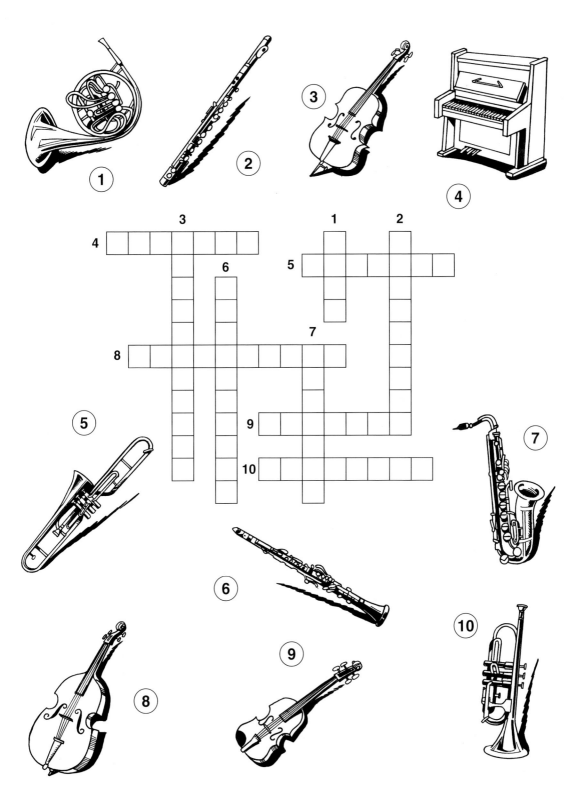

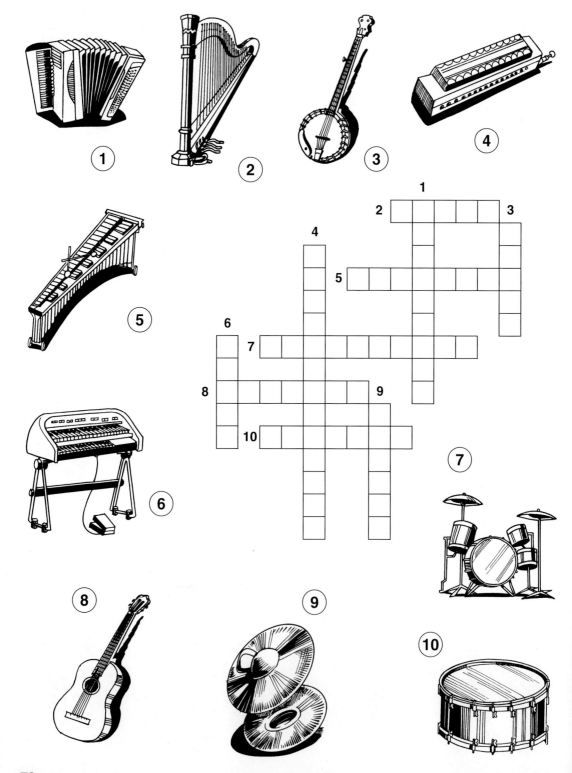

1

2

3

4

5

6

7

8

9

10

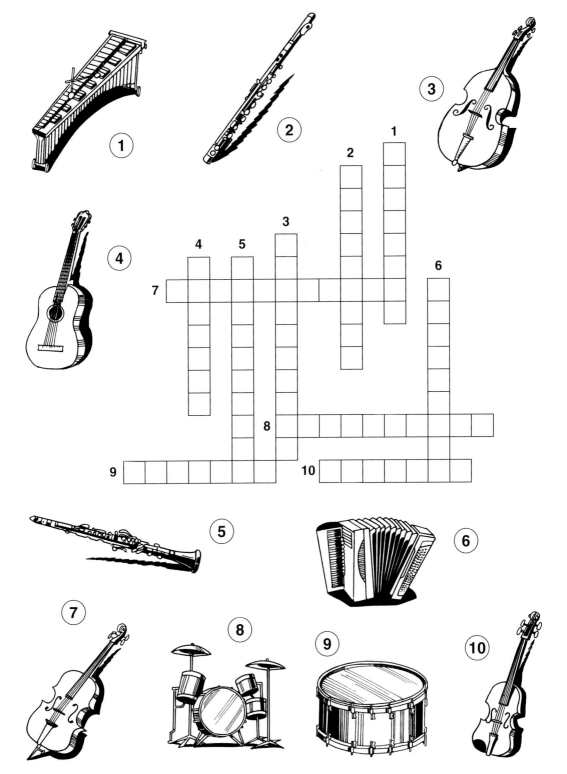

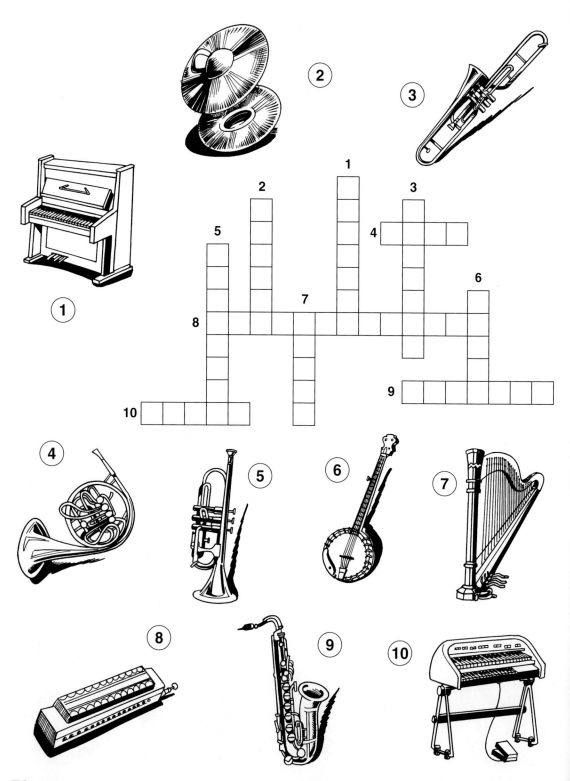

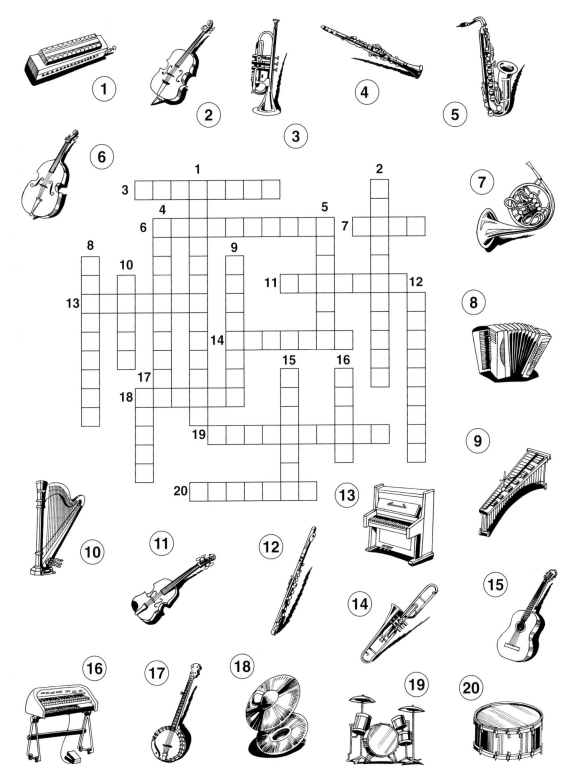

ADJEKTIVE

dick

dünn

hoch

niedrig

alt

jung

stark

schwach

breit

eng

hell

dunkel

blühend

verwelkt

einfach

schwierig

lustig

langweilig

teuer

billig

1

2

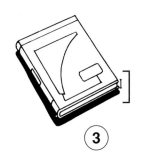

3

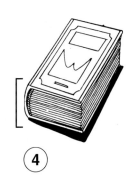

4

5

6

7

8

9

10

79

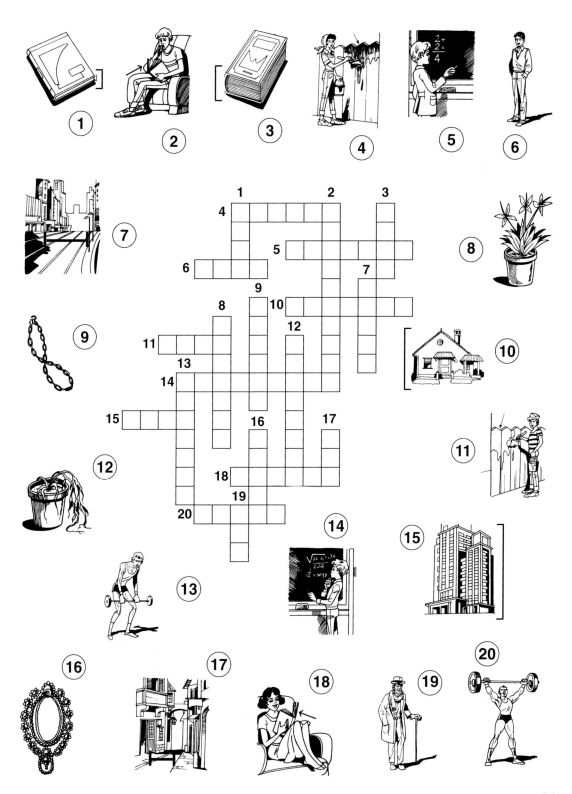

VERBEN

einkaufen

verkaufen

lernen

finden

tanzen

singen

denken

nehmen

bauen

schenken

wählen

helfen

laufen

springen

lieben

hassen

abfahren

ankommen

warten

tragen

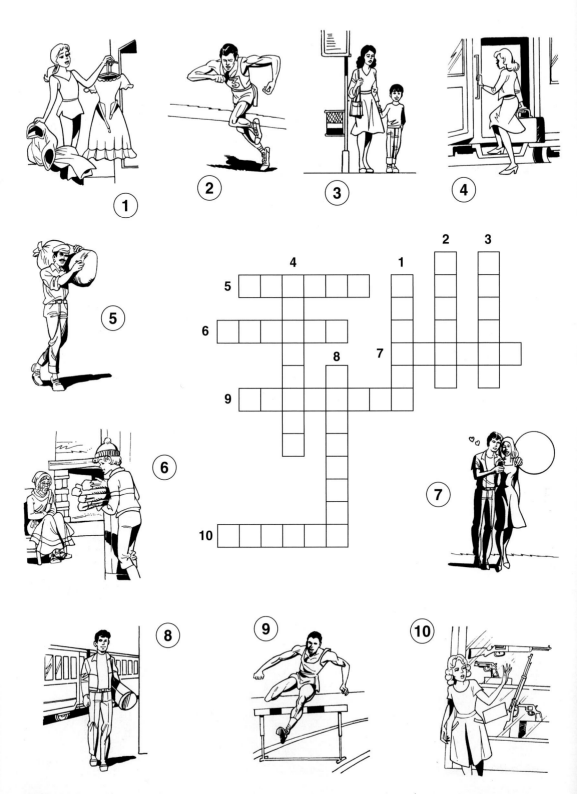

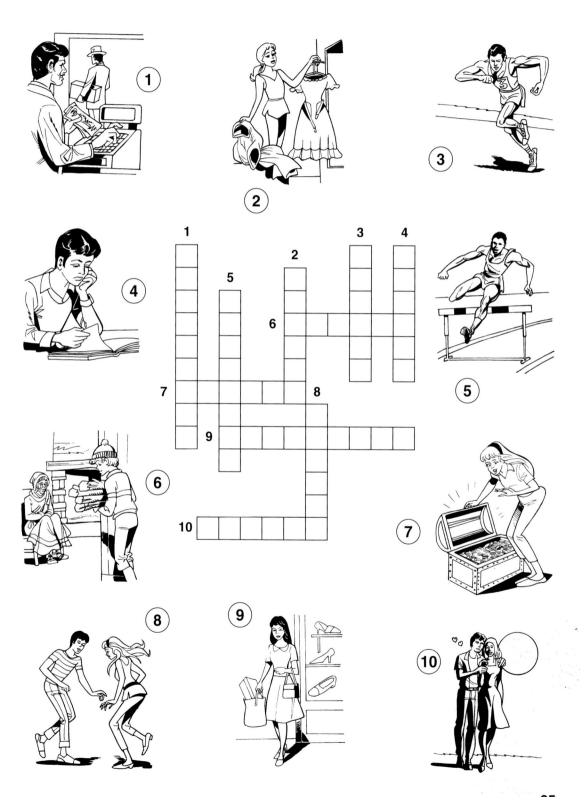

AM MEER

Seite 4

die Angel	der Fischer	das Meer	der Sonnenschirm
der Badeanzug	die Insel	die Muscheln	der Strand
das Badetuch	der Kai	die Sandburg	der Strohhut
das Boot	der Leuchtturm	die Schwimmflossen	die Taucherbrille
die Fische	der Liegestuhl	die Sonnenbrille	die Wellen

MEERESBEWOHNER

Seite 10

der Delfin	der Kabeljau	die Qualle	der Seestern
der Haifisch	die Krake	der Schwertfisch	die Seezunge
der Hammerhai	der Krebs	der Schwertwal	der Teufelsfisch
der Hering	die Languste	der Seeigel	der Thunfisch
der Hummer	die Meeresschildkröte	das Seepferdchen	der Wal

IM HAFEN-AUF DEM BAHNHOF

Seite 16

der Anker	das Fenster	der Kapitän	das Schiff
der Bahnsteig	das Gleis	die Lokomotive	der Stationsvorsteher
der Bug	der Güterzug	der Matrose	der Waggon
das Deck	das Heck	das Rettungsboot	der Zug
das Fallreep	die Kajüte	der Schaffner	der Zugführer

DIE TEILE DES KOPFES

Seite 22

das Auge	der Hals	der Mund	die Stirn
die Augenbrauen	der Kiefer	die Nase	die Wangen
der Bart	das Kinn	die Ohren	die Wimpern
das Gesicht	der Kopf	das Ohrläppchen	die Zähne
die Haare	die Lippen	der Schnurrbart	die Zunge

DIE KÖRPERTEILE
Seite 28

die Arme	der Ellenbogen	das Handgelenk	die Schultern
der Bauch	die Ferse	das Knie	die Taille
die Beine	der Finger	der Knöchel	der Unterarm
die Brust	der Fuß	der Oberschenkel	die Wade
die Daumen	die Hände	der Rücken	die Zehen

BERUFE
Seite 34

der Angestellte	der Elektriker	der Kellner	die Sängerin
der Arbeiter	der Feuerwehrmann	der Koch	der Schreiner
die Ärztin	die Frisörin	die Lehrerin	die Sekretärin
der Bauer	die Hausfrau	der Maurer	der Tierarzt
der Briefträger	der Installateur	der Mechaniker	die Verkäuferin

WERKZEUGE
Seite 40

die Axt	die Hacke	die Nägel	der Schraubenschlüssel
die Beißzange	der Hammer	die Reißnägel	der Schraubenzieher
der Bohrer	die Harke	die Säge	der Spaten
die Feile	die Heugabel	die Schaufel	die Stehleiter
das Glaspapier	das Maßband	die Schrauben	die Zange

IN DER KÜCHE
Seite 46

der Deckel	das Glas	das Messer	der Suppenlöffel
der Dosenöffner	die Kaffeekanne	der Mixer	die Tasse
die Flasche	der Kaffeelöffel	die Pfanne	die Teekanne
der Flaschenöffner	die Kochtöpfe	die Schüssel	die Teller
die Gabel	die Konservendose	die Streichhölzer	die Untertasse

VÖGEL

Seite 52

der Adler	der Kanarienvogel	der Rabe	der Specht
die Amsel	die Möwe	das Rotkehlchen	der Storch
die Elster	der Papagei	die Schwalbe	die Taube
der Falke	der Pelikan	der Schwan	die Turteltaube
der Flamingo	der Pfau	der Spatz	der Uhu

AUF DEM FLUGHAFEN

Seite 58

das Cockpit	der Gang	der Passagiersitz	der Steward
das Fahrwerk	die Gangway	der Pilot	die Stewardess
der Flughafen	das Gepäck	der Reisepass	die Tragflächen
das Flugticket	der Kontrollturm	der Sicherheitsgurt	der Wartesaal
das Flugzeug	die Passagiere	die Startbahn	der Zoll

BLUMEN

Seite 64

die Anemonen	die Maiglöckchen	die Narzissen	die Stiefmütterchen
die Gladiolen	die Margeriten	die Nelken	die Tulpen
die Hyazinthen	die Märzenbecher	die Orchideen	die Veilchen
die Iris	die Mimosen	die Rosen	die Vergissmeinnicht
die Lilien	die Mohnblumen	die Sonnenblumen	die Zyklamen

MUSIKINSTRUMENTE

Seite 70

das Akkordeon	das Horn	die Orgel	die Trommel
das Banjo	die Klarinette	die Posaune	die Trompete
die Becken	das Klavier	die Querflöte	die Violine
die Gitarre	der Kontrabass	das Saxofon	das Violoncello
die Harfe	die Mundharmonika	das Schlagzeug	das Xylophon

ADJEKTIVE

Seite 76

alt	dunkel	hoch	schwach
billig	dünn	jung	schwierig
blühend	einfach	langweilig	stark
breit	eng	lustig	teuer
dick	hell	niedrig	verwelkt

VERBEN

Seite 82

abfahren	finden	lieben	tanzen
ankommen	hassen	nehmen	tragen
bauen	helfen	schenken	verkaufen
denken	laufen	singen	wählen
einkaufen	lernen	springen	warten